Pirate à babord !

Sophie Morissette

Illustrations : Ninon Pelletier

Directrice de collection : Denise Gaouette

Rat de bibliothèque

Données de catalogage avant publication (Canada)

Morissette, Sophie

  Pirate à bâbord!

  (Rat de bibliothèque. Série verte; 10)
  Pour enfants de 7-8 ans.

  ISBN 978-2-7613-1877-8

  I. Pelletier, Ninon. II. Titre. III. Collection: Rat de bibliothèque (Saint-Laurent, Québec).
  Série verte; 10.

PS8626.0753P57 2006   jC843'.6   C2006-940406-2
PS9626.0753P57 2006

Dépôt légal – Bibliothèque et Archives nationales du Québec, 2006
Dépôt légal – Bibliothèque et Archives Canada, 2006

                                        34567890 EMP 14 13 12 11 10 9
IMPRIMÉ AU CANADA   10730 ABCD   PSM16

Nicolas veut jouer au pirate.

Il attache un foulard sur sa tête.

Il attrape son sabre.

Il s'approche de son papa à pas de loup.

Nicolas s'écrie :

— À l'abordage ! Pirate à bâbord !

Le papa sursaute.

Il sourit et dit :

— Moi aussi, je vais devenir un terrible pirate.
  Tu vas avoir très peur ! Attends-moi.

Nicolas décide d'attendre son papa dehors.

Dans la maison, le papa se dessine une barbe.
Dehors, le facteur distribue le courrier.
Nicolas lui demande :
— Monsieur le facteur,
   voulez-vous jouer au pirate
   avec mon papa et moi ?

5

Le facteur dépose son gros sac :
— Je n'ai pas beaucoup de temps.
    Mais je veux bien jouer avec vous.
Nicolas s'écrie :
— À l'abordage ! Pirate à bâbord !
Nicolas attache le facteur
au gros arbre devant la maison.
Le facteur est son premier prisonnier.

Dans la maison, le papa se fabrique un cache-oeil.
Dehors, une dame promène son chien.
Nicolas lui demande :
— Madame,
   voulez-vous jouer au pirate
   avec le facteur, mon papa et moi ?

La dame dépose son petit sac à main :
— Je n'ai pas beaucoup de temps.
Mais je veux bien jouer avec vous.
Nicolas s'écrie :
— À l'abordage ! Pirate à bâbord !
Nicolas attache la dame
au gros arbre devant la maison.
La dame est sa deuxième prisonnière.

Dans la maison, le papa se fabrique un sabre.
Dehors, un camion à ordures s'arrête dans la rue.
Deux éboueurs descendent du camion
et attrapent les sacs d'ordures.
Nicolas demande aux éboueurs :
— Messieurs les éboueurs,
   voulez-vous jouer au pirate
   avec la dame, le facteur, mon papa et moi ?

Les deux éboueurs déposent les sacs d'ordures.

— Nous n'avons pas beaucoup de temps.

Nous cherchons un trésor.

Il est caché dans un sac.

Nous ramassons tous les sacs que nous voyons.

Tout excité, Nicolas répond :

— J'ai deux prisonniers.

Je vais vous donner leurs sacs.

Le facteur essaie de se détacher :
— Ne touchez pas à mon sac !
   Il contient les lettres que je dois distribuer.
   Ce sont mes trésors.

La dame essaie de se détacher :
— Ne touchez pas à mon sac !
  Il contient mon porte-monnaie,
  mes clés et une photo de mon chien.
  Ce sont mes trésors.

Le papa est enfin déguisé.

Il sort de la maison et s'écrie :

— À l'abordage ! Pirate à tribord !

Puis il s'arrête brusquement.

Il regarde les éboueurs, la dame et le facteur.

Le papa demande :

— Que se passe-t-il ici ?

Tout excité, Nicolas répond :
— J'ai trouvé quatre personnes
    pour jouer avec nous.
Le papa est très gêné.
Il fait des excuses.
Il détache la dame et le facteur.

Le facteur repart avec son gros sac.
La dame repart avec son petit sac à main.
Nicolas est bien triste de voir partir
ses deux prisonniers.

15

Un éboueur s'approche de Nicolas :
— Veux-tu faire un tour de camion ?
   Mon camion est aussi gros
   qu'un bateau de pirates.
Nicolas grimpe dans le camion avec son papa.
Ils sont les pirates les plus heureux du monde.

Présente l'histoire **Pirate à bâbord !**
sous forme de saynète.

- Demande à tes amis de jouer avec toi
  les rôles suivants : Nicolas, le papa,
  le facteur, la dame
  et les deux éboueurs.

- Prévois les accessoires et les décors.

- Apprends par coeur les phrases
  dites par ton personnage.

Écris un petit livre sur les pirates.

- Choisis tes personnages.

- Imagine le déroulement
  de ton histoire : le début,
  le milieu et la fin.

- Fais la liste du vocabulaire
  que tu veux utiliser.

  EXEMPLES :
  abordage, sabre, cache-oeil, bâbord, tribord

- Écris ton histoire et illustre-la.

- Crée une couverture originale
  pour ton livre.

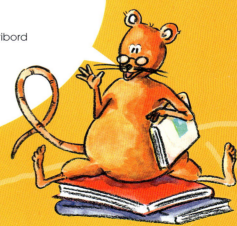

Échelles de lecture

Lecture guidée	Intervention précoce	DRA
J	18-19-20	18-20

Série rouge 🍓
Série jaune 🍐🍐
Série bleue 🫐🫐🫐
Série verte 🍏🍏🍏

Voici tous les livrets de la série verte 🍏🍏🍏🍏 :

1 **Le clip de Cendrillon**
Dominique Demers

2 **Pas de panique !**
Robert Soulières

3 **En route vers la Lune**
Gilles Tibo

4 **Le collier magique**
Léo-James Lévesque

5 **Le roi de Zéro**
Gilles Tibo

6 **Dans le coeur
de mon grand-père**
Danielle Simard

7 **Pas de chouchous !**
Bernadette Renaud

8 **Petits pieds qui puent**
Dorothée Roy

9 **Taratatata !**
Claire St-Onge

10 **Pirate à bâbord !**
Sophie Morissette

11 **Les oreilles de grand-père**
Louise Tondreau-Levert

12 **Le père Noël ne viendra pas !**
Sophie Rondeau

13 **Simon Patenteux**
Léo-James Lévesque

14 **L'étoile du match**
Robert Soulières

15 **Franco et Santo à Pépino**
Sylvia De Angelis

16 **Des dollars pour Gaspar**
Isabelle Larouche

Collection dirigée par Denise Gaouette

Conçue selon des principes reconnus
de l'apprentissage de la lecture

ERPI